तिरंगा

डॉ. शशिकला सिन्हा

BlueRose ONE.com
Stories Matter
NewDelhi • London

BLUEROSE PUBLISHERS
India | U.K.

Copyright © Dr. Shashi Kala Sinha 2024

All rights reserved by author. No part of this publication may be reproduced, stored in a retrieval system or transmitted in any form or by any means, electronic, mechanical, photocopying, recording or otherwise, without the prior permission of the author. Although every precaution has been taken to verify the accuracy of the information contained herein, the publisher assume no responsibility for any errors or omissions. No liability is assumed for damages that may result from the use of information contained within.

BlueRose Publishers takes no responsibility for any damages, losses, or liabilities that may arise from the use or misuse of the information, products, or services provided in this publication.

For permissions requests or inquiries regarding this publication, please contact:

BLUEROSE PUBLISHERS
www.BlueRoseONE.com
info@bluerosepublishers.com
+91 8882 898 898
+4407342408967

ISBN: 978-93-5989-892-6

Cover design: Tahira
Typesetting: Tanya Raj Upadhyay

First Edition: August 2024

प्रस्तावना

शशिकला जी आपकी कविताओं में भारतीय नारी की संवेदना का यथार्थ चित्रण दिखाई पड़ता है।

एक नारी अपने मूल्यों को जिन्दा रखने के लिये जा संघर्ष करती है और उससे कैसे पार निकलती है, इसका आपने अपनी कविताओं में निश्छल भाव से चित्रण किया है। आप ऐसे ही आगे बढ़ते रहे,इसके लिये आपको मेरी तरफ से बहुत - बहुत शुभकामनायें

उपाध्याय
शैलेन्द्र
लेखक निर्देशक

दो शब्द

विलम्ब से ही पर "काव्यसंग्रह" ने अपना आकार ले लिया भावों की गठरी बाँध अनगिनत किनारे लहरों के झक-झोरों से पीटती अस्तित्व को सहेजती-संभालती 'संघर्ष' रत जीवन से समय चुराती कही – अनकही को टूटे – फूटे शब्दों को गढ़ती किनारे आ पहुँची और ये संग्रह आपके हाथों में पाने आपका आशीष आपकी शुभता। " तिरंगा" । भाव है बुद्धि नहीं।

निर्मल मन ले पहुंची
तोड़ धरा की सीमाएँ
परे पहुँच समय के
परा अपरा के पार

- शशि

अनुक्रमणिका

शिखर 1

फरिस्ता 2

ठहरन 3

अनुभव 4

प्रार्थना 5

परिवर्तन 6

संघर्ष 7

धरा 8

ख्वाब 9

यूँ तो 10

सहर 11

दीवाने 12

ठहराव 13

भरोसा 15

मन का मौसम 16

लगन 17

भविष्य के कोख में 18

भारतीय नारी.... । 20

प्रेम-यज्ञ 22

अनमोल 23

आओ सोचें 24

सन्ध्या 25

अस्तित्व 26

गति	27
वतन	28
हिन्दी	30
रीत	31
कला	32
अर्थ	33
27 दिनांक की	34
"व्यथा माँ की"	37
प्रेम	39
परख	40
पहचान	41
सावन की घटा	42
ज्योति	43
एक गुहार	44
कलाकार	46
मन की चाह	47
बसंत	48
तेरे नाम की	49
क्षमा	50
दोष मुक्तता	51
नहीं शिकवा	52
दायरा	53
आह	54
रोशनी	55
तिरंगा	56

शिखर

शिखर रूपी आस्था के दीप
    मस्तक कदमों में तेरे
युग पुरुष, मनुष्य रहा अधूरा
    चरणों के रज कर दान तू
हे शिखर पुरुष।
    सत्-सत् नमन पल-पल का
युगों का हे! युग पुरुष !
    हे शिखर पुरुष।

- शशि

फरिस्ता

कैसे निकल जाओगे मन आँगन से हमारे
खुशबू की तरह बसते हो दिल में हमारे

खुशियाँ बाँटने निकले कभी फकीरों से तुम
दहलीज़ पर ठहर जाओं दिवाने से कभी तुम

माना पल अनमोल है, फरिस्ते तुम्हारे वास्ते
इक ठहरन से ठहर जाएगा ठहराव खुदके वास्ते

- शशि

ठहरन

शांत शीतल समन्दर सी निगाह क्या पड़ी
हम तो बस रास्ते बनाते सहज ही निकल पड़े।

जाते-जाते ठमक कर धीर कदम ज़रा रूक क्या गये
इस ठहराव में सदियाँ ठहरा कर बस ठहर गये।

मुड़ कर ज़रा एक नज़र क्या डाल गये
जन्मों के प्यासे खुद को निहाल कर गये।

बे मौसम बरसात फिर हो न हो शायद कभी
जन्मो की काया तभी छोड़ आगे बढ़ चले।

- शशि

अनुभव

ये ज़माने -
खेल खेलते हो जज़्बातों से
ये तो पुष्प अराधना के से

कल जब –
न होंगे इस धरा पर तन से
ढुँढ़ोगे भाव भँवर में भटक के

भटकन कब –
दिला पायी कभी भी
अनुभवों के खज़ाने को।

- शशि

प्रार्थना

कर रही मौन प्रार्थना
भेज रही पावन अश्क
अंजलि भर मन के भाव
द्वारे-द्वारे, आँगन-आँगन
 कर रही मौन प्रार्थना।

बिखरे न मन के भाव
रख लो लाज एहसास
छुपाये जग से सभॉल
हो न बंध-अब अनाथ
 कर रही मौन प्रार्थना

जलती-बुझती जुगनुओं सी
खो न जाए निशानियाँ
गुहार कातर ले खड़ी
रोशनी की कर वंदना
 कर रही मौन प्रार्थना

- शशि

परिवर्तन

किसकी चाहत में हम –
    बदलने लगे हैं
कि खुद -ब -खुद हम निखरने लगे हैं।

दिल के आइने में अक्स जो बन रहा है
वो तो वही है, वही है ..
    वही .. है
भोर से ही चाल कुछ
    डगमगाने लगे हैं
पल-पहर, दोपहर कैसे बिता
    खुदा जानता है

सोचते -सोचते 'सोच कुछ
    खो रहा है
हम खुद से ही कुछ-कुछ
    जुदा हो रहे है

हौले से जैसे कोई ज़हन में
    छा रहा है
औ, जाते-जाते नीम
    मदहोश कर रहा है।

- शशि

संघर्ष

शुक्रगुजार हूँ,
उन संघर्षों और
दर्द के सैलाबों का
जिनकी बदौलत
ज़िंदगी में आज
खूबसूरत "हकीकत" बनके उतरा।

तूने मेरा सामना
मेरे अपने अंदर
अनन्त-अनन्त
ऊँचाइयों से करवाया
विस्तार धीरे-धीरे "जनमने" लगा।

अचम्भित हूँ
अनचीन्हे बदलाव से
जो अभी-अभी ही
प्रसूत हुआ
दर्द के उजास से "सोता" फूटा ।

- शशि

धरा

प्यास की गहराइयों की कोई नहीं मंज़िल
गगन के पार ऊँचाइयों में नहीं कोई बदली |

बादल को रूप देता धरा का समन्दर
समन्दर की गहराइयों से क्या अछूता रहा जल |

सफ़र दर सफर ज़िंदगी कई पड़ावों की
हर पड़ाव के सफर पर पुख्ता होती मुहब्बत |

अनेकों मामलात में खुद से अनजान होते
परख लेते है धरा , धरा से मुहब्बत करने वाले |

- शशि

ख्वाब

ख्वाब की ये जुर्रत बिना इजाज़त आँखों में सज आएँ
अरे ! पलकों के झपकते ही , खुद ही तो वो मिट जाएँ |

चाहत कोई झुनझुना तो नहीं , जो हर कोई बजा ले जाएँ
गुल की बिसात क्या जो , खुशबू को सहेज पाएँ |

दर्द –ए – दरिया की मीठास कैसी , कैसे जहान में कोई जान पाएँ
मिश्री की थोड़ी सी मीठास , रब से जो कोई माँग पाएँ |

हद से पार गए समन्दर के लहरें क्या कोई जो समेट पाएँ
यह तो बिरला सफ़र ठहरा , बिरला कोई बिरले को गुन पाएँ |

- शशि

यूँ तो

यूँ तो ,
अनगिनत बार झुकी नज़रों से निहार तुम्हें !
लगा न पाये थाह अब तक तेरे मनका तनिक
ये दोस्त !

शाहिल पर सर पटक –पटक जैसे लौटता समंदर
ये दोस्त !

वैसे ही तुझसे टकरा चोटिल हो लौटे हम
ये दोस्त !

लाख छुपालो राज़ अपने दुनियादारी में मशगूल पर
ये दोस्त !

जानने वाले जान ही लेते मन के हाहाकार
ये दोस्त !

पहाड़ों में तो लुका – छिपी सी उगती थोड़ी धूप
ये दोस्त !

उर्मि फिर भी परख ही लेती माथे पर श्वेतशिकन
ये दोस्त !

- शशि

सहर

भोर से तन्हा हूँ
  जाने क्यों उदास हूँ
    याद आ रहा है जो
      कोसो - कोसो दूर हैं वो।
भेजना चाहूँ जो संदेश
  जाने क्यों कलम ठमकती
  शब्दों में ख्याल पिघले
    पन्नों में समेटते सहर हो जाती है।

- शशि

दीवाने

चाहत के चिराग को अक्सर धड़कनों से जलाते हैं
पा खूबसूरत एहसास को अक्सर ख्यालों में सजाते हैं।

लम्हों से चुनकर बिखरे कड़ियों को जोड़ते देखा है
वो उनसे बेखबर है जिनके वास्ते वह जोड़ते हैं।

घर को महका जाती आती वहाँ से हवाएँ जो हैं
अपनों से बेगाने बना जाती, जब वे छूकर चली जाती हैं।

पत्थरों ने खंडहर में कुछ अनसुने सूर सजा पाये हैं
ये चाहत के काफिले हैं साहब दीवाने ही गुन पाते हैं।

- शशि

ठहराव

बिसर गई बातें
बिसर गये वादे
चल दिया मुसाफिर
बिन जाने वो बातें

हर एक के अंदर
ठहरा हुआ समंदर
जाने कब थमे ये
आँसुओं का बवड़र।

- शशि

सफ़र

भटक रही कर्मबीज लिए, निरस्त कहाँ करूं
फसल कर्महीन उगे, चुकता कहाँ-कहाँ करूं।

जानू कैसे किस राह, अब किस ओर होऊँ
राह के फैसले तय, करूं कैसे कहाँ हो लूँ।

मुसाफिर हूँ, चलना कर्म जो सदा हुआ
कदमों के निशा न छोडूँ , कौन जतन करूं।

या! रब अब वह तू सफर कटवाएँ
जिस सफर को तय कर वह सफर फिर न आएँ।

- शशि

भरोसा

जहाँ पहुँचुँगी ज़िंदगी के
      इम्तहान देने के बाद
      अवश्य पा लूँगी जगमगाता हुआ प्रकाश।

वहाँ चलूँगी - हाँ चलूँगी
      पथ है ज़रा कटीला
      परवाह नहीं पार होऊँगी
      पथ पर है भरोसा।

शक्ति सहायता दे
      अक्षय वृक्ष पाने में
      अथक परिश्रम कर
      वहीं ठहरूँ अमूल्य धरोहर पा।

मन का मौसम

मेघों से घिर
      मौसम कसमसाया
समीर मंद हो
      मन को अलसाया
दूर-सुदूर तक
      शीतलता लहरायी
विरान मन में
      समन्दर भर इठलाया।

- शशि

लगन

मुहब्बत की राह में लौ कुछ ऐसी लगायी
वफ़ा के राह में तूफ़ानों से लड़ती आयी।

फिक्रमंद न हो, मुश्किलों को कर दरकिनार
ऐसी राह का फैसला, खुली आँखों से देखा।

रोक सकेगा न राह में कोई राहगीर डरावना
हममें हुनर है, राह में से राह निकालना।

माना आसा नहीं खुद की राह बना निकल जाना
असम्भव भी तो नहीं, खुद चलके आजमाना

-- शशि

भविष्य के कोख में ..

वेदों की ऋचाओं में, कुरान के आयतों में
बौधों के निर्वाण, में, फकीरों के फ़लसफे में
जूझती रही ज़िंदगी, जिवन्तता की तलाश में
खंगालती रही जीवन संग्राम, से शांति जीवन में।

फिसलते बक्त के अविरल गति के प्रवाह में
नारी की स्मिता डूवती - उतराती रही लहरों में
संसार के महासागर में, तलाश की नौका में
तलाशती रही चिराग ले किनारा, कहीं न पाया संसार में।

सुनहरे पलों से मोती ढूँढ पाउँ भव के संसार में
रोप पाऊँ अनमोल धरोहर, भविष्य के कोख में
असीम शांति के सृजन भाव हो संभावनाओं के, कलम में
फ़क्र से याद कर पाये, नई पौध कुद्द नया वतन में।

हर घर के आँगन में महकती फुलवारी वेटी हो।
वेटा कुशल स्मित रक्षक, सींचनहार, खेवनदार हो
भावी दुल्हन झूमती सावन की पहली धनी घटा हो
बाँगो में पड़े झूले पर सावन की सोधी कजरी हो।

ओरियों से टपमते बूदों में बुजुर्गों की गुहार हो
नटखट, मचलते, इसरार करते नौनिहाल हो
चहुँओर खनकती, खुशियों की ख़नक हो
पहाड़ी झरनों सा झरता चहुँओर प्यार की बरसात हो।

- शशि

भारतीय नारी.... ।

निश्चल, निरीह, खामोश, शांत, पंचतत्व में विलीन
चमकती, दमकती, कड़कती ओ दामिनी तू सुन ।

उस राह से उस रात जो पुरुष गुज़रे होंगे
उसके सीने में बेटियों के लिए करूणा न होगी
वरना लहुलुहान तेरे बदन को सीने में छुपा रहा होता
जख्मी तन-मन पर दुलार का मरहम लगा रहा होता
पलंके उठे उससे ही तूझे गले लगा रहा होता ।

उस रात उस राह से नज़रे उठा जो औरत गुज़री होगी
ओ माँ किसी भी हाल में नहीं सिर्फ औरत रही होगी
वरना तेरे अशक्त जिस्म को आँचल तले समा ले रही होती
तेरी सिसकियों पर ममता की संजीवनी की लोरी गुनगुना रही होती ।

उस रात उस राह से गर्वीला जो युवा गुज़रा होगा
किसी भी हाल में वो किसी का भाई न रहा होगा
वरना तेरे घावों को वो अपने पलकों के बरौनियों से चुन रहा होता
तेरे बेज़ान तन को अपने भुजाओं में पनाह दे रहा होता
तेरे एक बूँद आँसू के बदले, वो जहाँ को समन्दर बना रहा होता
तेरे एक दर्द को वो अपने जिस्म में हज़ार - २ बार महसूस कर रहा होता
तू पलके उठाती उससे पहले वो तेरी गाथा समझ गया होता
शब्द फूटने से पहले ही वो अश्रू के बरसात से तेरे गम भूलवा रहा होता ।

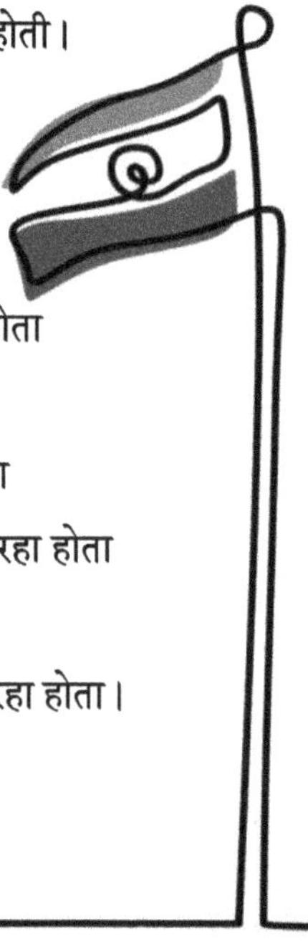

पर अफसोस हमारी बच्ची।
उस रात, उस राह से मात्र पुरुष और औरत ही गुज़रे होंगे
नहीं गुज़रा, नहीं गुज़रा तो कशिश भरा कोई रिश्ता नहीं गुज़रा।

काहे करे तू ग़म इस पार या उस पार किसी पार का
तूझे प्यार मिलना था समस्त संसार का जहान का
तूझे पनाह पाना था परम पिता परमेश्वर के परम पद् का।

- शशि

प्रेम-यज्ञ

घनी मुहब्बत जब क्षितिज पार गया
संसारी देह तो, तभी भष्म हो गया।

    ढुढ़ने लगे 'महक' पार जब वह गया
    प्रेम तो तुरंत बस 'मलय' हो गया।

ज़र्रा-ज़र्रा जब 'नशा' मय वह हो गया
दिवानगी तो बस 'परवान' चढ़ गया।

    मुहब्बत को 'बेवफा' इस पार जब कहा गया
    अनजाने वह तो 'अमर' उसी पल , हो गया।

हर मतवाला अपनी 'पीर' उकेरने जब लगा
यहाँ का आलम देख मन बस 'दरवेश' हो गया।

    प्रेम के यज्ञ में 'संसार' जब आ गया
    साधना लय हो 'गगन' पे छा गया।

मुहब्बत जब 'समझ' में प्रवेश पा गया
वह तो 'गुलर का फूल' हो गया।

    अंश अंशी में समाये जब 'हृदयगम' हो गया
    व्यथा तब महासागर में बस 'पनाह' पा गया।

- शशि

अनमोल

उड़ चल ये पंछी

गगन के पार

तोड़ , माया के चाल

आहिस्ते – आहिस्ते

लौट धरा के धरातल

जी ले मुक्त हो

अनमोल है रे जीवन।

- शशि

आओ सोचें

बस अब मंदिरों के दिए को चौराहे पर लाया जाएँ।
दिलों में पनाह पाये नफरतों को खाक किया जाएँ॥

गीता, कुरान, बाइबल के अमृत को लाया जाएँ।
मज़हबों के रेगिस्तान के आँगन में बरसाया जाएँ॥

इतिहास के पन्नों में खोई, विरागनाओं को खंगाला जाएँ।
हर बालिका के व्यक्तित्व में, उनको अब सजाया जाएँ॥

मीथकों में खोयी मीरा के लगन को ढूंढ लाया जाएँ।
उनकी पाक दीवानगी, भटकती नारियों में उड़ेला जाएँ॥

हर तरफ टूट रहे पहचान के बंधन अनाथ अब हो न जाएँ।
हम क्यों देखे तमाशा, आओ उन्हे धरों में समाया जाएँ॥

हमारी बेटियों को चीर-हरण भा रहा आइए जाना जाएँ।
हर घर की द्रौपदी की अस्मत को दुल्हन बनाया जाएँ॥

किसी राह पर निराला की 'वह तोड़ती पत्थर' नजर आए
इक सुरक्षा कवच दान उसे करे आओ आज ये ठाना जाएँ॥

- शशि

सन्ध्या

सन्धया को गोधूली बेला में
    सिमटते धूप के कतरे
    समेटते आँचल के छोर
    विदा होती रंगीन शाम।
वाह ! क्या नज़ारा है
निहारती झरोखे से
बिदा होती शाम
बुला रही हो हमे।

        हाँ चल दूंगी मैं भी
        तुम्हारी तरह संध्या रानी
        बिखेर सारे रंग, छा
        जाऊँगी गगन के पार।

- शशि

अस्तित्व

कि उसे इतना टूटकर भी न चाहो
कि उसे पाने में खुद ही न बिखर जाओं।

कि रखे थोड़ा फासला मंजिल जो चाहो
कि उसे तय करने में खुद को पा जाओ ।

कि पा लिया खुद को ही खुद से तो जानो
कि मुमकिन है खुदा को खुद ही में पा जाओं।

कि वक्त जाया न करो, अपनी चाहत को जानो
कि रब है सामने खड़ा झासों में न आओ।

कि गुन न पाओ तो, तनिक ठहर तो जाओ
कि वक़्त खुद - बखुद रूबरू हो जाएगा जानों।

- शशि

गति

किसी के रुकाये नहीं रुकती ज़िंदगी
हर पल हर कदम एक तैयारी है ज़िंदगी।

ज़िदेगी के पार खड़ी, मुस्कुराती ज़िंदगी
उस पार के सफ़र की रवानगी है ज़िंदगी।

- शशि

वतन

क्या कहूँ, कैसे कहूँ , हुक उठे जिया
होलिका सी धधक रही राष्ट्र स्मिता

चहुँदिस छाया अंधेरा , बादलों ने डाला डेरा,
खतरे में वतन मेरा।
देर हो उसके पूर्व हो सवेरा, प्राची से मनुहार
कर दो अब सवेरा।

क्या कहूँ .. ..
अग्नि ज्वाला में जले, संभालो अपनी भाषा
संस्कृति औ परंपरा।
इतिहास गवाह है , मिट गई उनकी हस्ती ,कसौटी पर
जो ठहरे कायर।

क्या कहूँ .. ..
सौपी आज़ादी फांसी का फंदा चुमके , जवानी वतन
को सौप कर।
उठ रहा बवडर, चल रही आंधी, संभालो अब
फौजियों धरोहर।

क्या कहूँ .. ..
भूलाने न दूँगी उन्हे, कफ़न से इश्क औ मौत से

जश्न मनाने वाले को ।
जगाती रहूँगी कब्र में सोकर भी , बक्सी है कुदरत ने
मसाल कलम की ।

- शशि

हिन्दी

जो भाव है हिन्दी में
जिसमें अहसासों की कशिश
      औ और कहाँ ?
जो है शिखर का सफर
जो महक का कानन
      औ और कहाँ ?
जो चुप है मकरंद इसमें
जो उबर आने का सबब
      ओ और कहाँ ?
जो गहन सार का सार
जो डूब जाने का मनन
      ओ और कहाँ ?
जो भाव है हिन्दी में
      ओ और कहाँ ?

- शशि

रीत

ये तो प्रीत की रीत है निराली
जिसे छुवा वो हुआ है पुजारी
जिसे न छुवा वो हुआ है भिखारी
ये तो ....।

ये तो चुमे है धरा औ गगन
न रख गुरेज तू ज़रा इनसे
इनके तो रक्षक मुरारी
ये तो ....।

ये तो हारे हैं तन-मन सारे
न खड़े हो तू लेकर कटारी
त्रिपुरारी भी हैं इनके पुजारी
ये तो ....।

ये तो सरिता के पाक धारे
ढूंढ लेंगे खुद ही किनारे
न जला तू मौली पंड़ितों
ये तो ....।

- शशि

कला

मीन क्या जाने
    नीम प्यास की बात
        किसमें।
बदकिस्मत क्या जाने
    बेसुध महक की बयार
        किसमें।
घाट – घाट भटक के
    प्यास बुझे तो बुझे
        किसमें।
मुढ़ मति क्या समझे
    हार-जीत का फन
        किसमें।

- शशि

अर्थ

कब क्या सोचा
        जाना ही नहीं
पर कहूँ कैसे कि
        समझा ही नहीं।
बात, बात से निकलती
        तब, बात बात ही रहती
बात जब अर्थ ले निकलती
        रूह तक पहुँच रखती।
कही - सुनी लफ़्ज़ों में ही
        ज़रूरी तो नहीं होती
समझदार को भी समझ आये
        ज़रूरी तो नहीं होती।

- शशि

27 दिनांक की…………..

तू निर्बला नहीं, 'निर्मला' है
लड़ संसद में बदज़ुबानों से औ
बाहर घूमते नर-पिशाचों से
तू निर्बला ……………।

सृष्टि की अनोखी रचयिता तुम
जहाँ से निकलो धरा काँप उठे
उठो औ पहचानो अपने अस्तित्व को
तू निर्बला…………….।

न निहार तू नेता, अभिनेता औ विधान
लक्ष्मी, सरस्वती तो दुर्गा चंडी भी तू
नर पिशाचों को मारो या फिर मरो
तू निर्बला…………….।

रामायण रख तू अंदर पर्स में
पर कर में उठा तू महाभारत को
खत्म कर रावण की लंका क्योंकि
तू निर्बला…………….।

मनुहार की खुमारी तोड़ अब समय
सीने में ज्वालामुखी धधकाने की
झाँसी की रानी तू निकल खड़ग ले
तू निर्बला..................।

कोख में धड़कते धड़कन को पहचान
गर नर न हो सभ्य तो नष्ट कर, बांझ बन
'भोर' की पेशानी पर लिख आज तू.......
इक नई इबारत।
तू 'निर्बला' नहीं, तू 'निर्मला' है।

- शशि

फागुन

ये फागुन है या
      पीले पत्तों की धरा
चहुँओर है विखरी
      पत्तो की छटा
ये मौसम, नया मौसम
      ये नज़ारा नूतन
कदम धरू न धरू
      मौसम समझा दे ज़रा
कैसे कहूँ पतझड़
      होता है बेरंगा
जब सँवर कर धरा
      छा जाती धानी चुनर ओढ़
खड़ा होता हिमालय
      तब पहरेदार बन।

- शशि

"व्यथा माँ की"

(माँ के दरवाज़े पर जब जवान बेटे की अर्थी आती है।)

एक दस को मार के,
सौ बार मरता ग़म न होता।

जो तिलक लगा लड़ने गया हो
बिन लड़े चार कंधो पर हों
यह उसका हो न हो पर देश का अपमान है।

परिस्थितियाँ जो जिम्मेवार हुई
सौ, बार उन पर लानत हो।

एक बार में सत्रह नौजवानों को
मौत प्रसाद की तरह बाँद दिया
नौजवान ललकार के, खून में लथपथ
माँ के आँचल में, घोर निद्रा में सोता
आँसुओं की बरसात होती, मरघट का सन्नाटा
पर गर्व की आभा दिप्त करती माँ के माधे
दुलार- अभिमान से निहारती बेटे की अर्थी
तभी एक सवाल कौंधा-
माँ की सुनी आँखों में

एक बार - बस एक बार कोई,
 राजनेता अपने घर के चिराग को,
फौजी बना, सीमा पर भेजें
जान जायेगा वह माँ की तड़प
और अनकही व्यथा को

नहीं मौके बनने देगा देश के
नौजवानों को हलाल होने देने का
हर नौजवान में उसे
अपना चिराग नज़र आयेगा।

हे ! मेरे देशवासियों
इतना तो करम करना,
माओं पर दया करना,
फौजी जवान के गम में
जब देश की छाती फट रही हो
      यह तो न कहना-
      "फौज में जाने को किसने कहा "

ये सुन कर भी
रोये हमारे न खड़े हुए
तो इतना समझ लेना
कि उस दोष से हम भी
      न बरी हुये।

- शशि

प्रेम

प्रेग बाँधने चली यह दुनिया बावरी
प्रेम नदिया की धार
कब बंधी सावरी।

प्रेम हुआ नहीं, कि
जजीर तैयार बावरी
प्रेम निरंतरता....
विवाह ठहराव रे कांचनी

प्रेम सुख प्रवाह , नहीं प्रहरी रे बावरी
प्रेम अकूत वैभव,
न कैद लाड़ली।

प्रेम सहज भाव,
सहज अभिव्यक्ति निराली
प्रेम यात्रा फकीरी
न हद नादानी ।

प्रेम सतत् प्रवाह
न विराम बावरी
प्रेम अंकुर न छाँट
    घटा छायी बसंत बावरी ।

- शशि

परख

करीब-करीब पूर्ण ही होता है आदमी।
ठहर-ठहर बस खुद में झाँकता नहीं आदमी ॥

भोर भये, भागता, भयभीत भटकता आदमी।
न जाने क्या चाहता न जानता कुछ आदमी ॥

धरम से बड़ा करम न गुनता कभी आदमी।
न जाने किस गफ़लत में उलझा ये आदमी ॥

उम्मीदों का रोज़ नया पौध उगाता है आदमी।
बिन जाने, बिन परखे, ज़मिन खोदता है आदमी ॥

- शशि

पहचान

कोई लहर नहीं हूँ
  जो जल में ढूँढ लोंगे।
अनंत गहराई हूँ
  ढुढ़ोंगे तो दिल में पाओगे।
कोई पत्थर नहीं हूँ
  जो ठोकर लगा जाओगे
तराशी तस्वीर हूँ
  नज़र उठी तो मूर्ति में पाओगे।
कोई जलपरी नहीं हूँ
  जो पानी से निकाल मोल कर पाओगे
सुंदरता की उर्वसी हूँ
  दृष्टि हो तो हर नारी में पाओगे।
क्या बिते कल में जाकर
  भविष्य जान पाओगे।
अरे ! मै तो पल हूँ
  क्षण में जिओंगे तो पाओगे।

- शशि

सावन की घटा

अबकी बरसात के बाढ़ ने सारे किनारे लांध लिए
इधर उम्र की बाढ़ ने सारे किनारे समेट लिए।

डराने लगी श्यामल घटा घिर समन्दर में मिली
कुछ धवल केशों में बिखर श्याम घटा को चुम लिया।

पवन के झोंके से रच साजिस जवा खेत चिढ़ाने लगे
तजुर्बे की तपी उम्र ने खेतों को आईना दिखा दिया।

कौन डरायेगा इस उम्र को यह तो पकी फसल ठहरी
बैसाख आते ही आबाद होंगे खलिहान तूझसे।

- शशि

ज्योति

बिगड़ा है तो सँवर ही जाएगा
जोत मन का जो जला जाएगा।

पूर्णता संभव हो ही जाएगा
आत्मा को समिधा जो बना जाएगा।

जीत निश्चय यकी हो ही जएगा
कर्म धरा जो लहू से सींच जाएगा।

चाहा जो चाह ने तो मिल जाएगा
लग्न की अगन में जो जल जाएगा।

हार कर भी विजयी हो ही जाएगा
अपने अपनों से मात जो खा जाएगा।

लंध जाएगा शिखर '- शशि' एक रोज़
झूक उठने का हुनर जब पा जाएगा।

- शशि

एक गुहार

शिखर पर विराजमान
मान सरोवर , हे ! हिमालय
    एक पल-पलक उठाओ
    हंस-सा निर्मल जीव
    भटक रहा युग –युग से
    उन्नत अभिलाषाओं के
    बंजर धरती पर ।
क्यों नहीं छुआते
एक बूँद अमृत के
हे ! परम पिता ।
    अर्पण है , मौन समर्पण
    कहो न कब-तक
    जनमता रहे धरा पर
    कर्मबंधन के तले
    ये जीव .. आत्मा ।
शालती रही गर्भ पीड़ा
तड़पती रही आत्मा
चाहती रही ज़वाब ।
    भयभीत अकांक्षाओं के
    हर-एक अंकुर को

वर्फ में दफन करो देव

हे परम- हे परमदेव
मुक्तता के पथ पर जीव।

ब्रम्हांण में गुजती
रह –रह ये गुहार
भीतर सुलगती दवानाल
प्रतिपल जलता अस्तित्व
दबाये यह संसारी देह।

निरन्तर प्रवाहमान स्त्रोतों में
कब-तक , कब-तक ?

- शशि

कलाकार

किसी के हसी ख्वाबों की,
मैं मुकम्मल फनकार दोस्तों
कैसे न बया करूँ, उसी ,
तपिस से हुई कुदन दोस्तों।

कहते हैं इश्क- खाक, तार-तार
बे - जान सा हुआ दोस्तों
कैसे बिसरू तपती ताप में,
तप, मिटकर रूह को पाना दोस्तों।

हुई मौत रूह में मेरी
बात जो आम बनी दोस्तों
कैसे सुनाऊँ धड़कन की धड़क,
जो अब – तक धड़कन में बसी दोस्तों |

इस दर पे महफूज नहीं
इस दर से निकलना दोस्तों
इसी बंद राह पे, वर्षों से खड़ी
सदियों खड़ी ज़रा निहारों दोस्तों |

- शशि

मन की चाह

कौन कहता मनुज अधूरा, औ अधूरी उसकी प्यास।
 चल पड़ा जव ठान के, तब हर पूरी उसकी आस॥
कौन कहता जन्नत का सुख दुनिया के उस पार।
 हो कर्म की बुनियाद पुख्ता, तो सब सुख पास॥
कौन कहता हर चाह नहीं पूरी होती यहाँ।
 हो चाह में दीवानगी तो मंज़िल आती पास॥
कौन कहता तप से तपा ही पहुँचा भव के पार।
 सच्चे मन की क्षमा दान है तप से बली यहाँ॥

- शशि

बसंत

अबकी सेमर खूब खिले, खूब भरी बैसाख में
ललछौंहे फूलों ने भेजी, बसंत को पाती प्रीत की

      थमे न शायद उमड़ चुका जो
      बाँध-बंधन तोड़ के
      अब भावों में वो बंध कहाँ
      जो उमड़े बवडर रोक ले .....

अबकी ....
      कलि में कालिदास कहाँ
      बांधे मेघ अलकों में
      सावन का संसार बना
      मन के रेगिस्तान में ....

अबकी सेमर ....

- शशि

तेरे नाम की

सर पे दुआ तेरी, फिक्र किसको ये ! ज़माने
चल पड़े लेके मनका एक तेरे नाम की।

मेरे दिल में तू, चाह में तू और मैं क्या चाहूँ
समाया तेरे आशिष में सब मांगू तो क्या मांगूँ।

चहुँदिस तू ही तू तेरी रोशनी में निखरती
देखूँ तो क्या देखूँ, कण-कण में तू बिखरा।

मिलके तुझसे आत्मा का कायाकल्प हुआ
अब जाके इस जनम में मुकम्मल जहाँ हुई।

- शशि

क्षमा

मुस्कुराने की वज़ह तब
ढूढ़नी नहीं पड़ती
जब आत्मा से स्वतः
झरने का स्त्रोत फूटता,

सफाई देने की तब
ज़रूरत नहीं पड़ती
जब नज़रों में 'क्षमा'
याचना झलक उठती।

- शशि

दोष मुक्तता

यह आंतक का ज़हर कहाँ ले जाएगा?
क्या भोर के प्रवाह में, अंधकर ले आएगा?

यह देखते देखते अश्क सूख जाएगा?
पर पीड़ा अहसास पन्नों में रह जाएगा?

'दोष', दिखा मनुष्य मुक्त होता जाएगा?
'पीडा' खुद कहाँ बॅटा, खुद भूल जाएगा?

खून खून के कतरे में रंग नज़र आएगा?
सड़कों पर नज़र आते 'तन' मात्र 'देह' रह जाएग?

- शशि

नहीं शिकवा

प्रशांत सागर हुये, शिकायत नहीं हमको
लहरों के बूँद में, एक बार देखों तो हमको ।

किये थे कई-कई बार, जब - तब वादे मुझसे
हमने कभी नहीं पूँछा , एक बार तो पूँछों हमसे ।

कई संग्राम झेले हो, अक्सर छुपकर हमसे
हम जान कर अन्जान रहे, ज़रा पूछो तो कभी हमसे ।

ठहरे-ठहरे सरिता में हलचल सुनहरी यादों के हमसे
लहरों के जीवन की 'गति' नहीं पूँछोंगो हमसे ।

- शशि

दायरा

मन की उदासी जब आँखों में उत्तर आती है
उतरते - उतरते वह नस- नस में समा जाती है।

दर्द सहने के उपक्रम में जब आँखे खामोश होती है
गर्म लहू की लालिमा आँखों में लाल डोरे डाल देती है।

खामोशी चुपके से जब अपने दायरे बना लेती है
गम रीस-रीस कर भावों की दहलीज पार करती है।

- शशि

आह

क्या घट गया कहीं पर ,
जो लहर उठी सीने में।

कौन जग रहा है , कि
मन कराह उठा सीने में।

किसका रूदन फटा कि,
आसमा बरस रहा सीने में।

किसका जख्म हरा हुआ कि ,
नासूर हुमक पड़ा सीने में।

किसका दर्द पिघल रहा कि ,
आह रीसने लगी सीने में।

रोशनी

रोपे केशर आँसुओं की ज़मी पर
खिले फूल हथेली की धरा पर।

    जहाँ सर पर थी
    चढ़ी घटा सावन की
    वही हो गई अबकी
    तूफानी बारिस कितनी
रोपे केशर..............

    जहाँ की उपमा थी
    धरती के भगवान की
    वहीं हो गई थी
    पत्थर की मूरत सी
रोपे केशर..............

    जहाँ धरा पर कभी
    उतरा था स्वर्ग यहाँ
    उसके आँगन में जली
    दिये की बाती सी।
        रोपे केशर..............

- शशि

तिरंगा

तिरंगे में लिपट जब तू
      अपने गाँव जाता है
      बरसती है ये आँखे
      पर कहीं मुस्कान होती है
तिरंगे में.............।

क्या कहूँ कि गहरे शोक का
      घना मंजर होता है
      मेरे ही आन में तू
      सदा शहीद होता है
तिरंगे में.............।

बताऊँ क्या तेरे माँ के सीने पर
      एक पत्थर रखती हूँ
      दिल फटे उसके पूर्व
      इक दीवार बनती हूँ।
तिरंगे में.............।

नैनो के गंगा जल को
      मैं थाम लेती हूँ
      तेरी वहना के आंसुओं का
      मै तिलक करती हूँ।

तिरंगे में.............।

कोई माने न माने फिर भी
      बया करती हूँ
      वो विखरे अश्क
      हमारा ताज़ होता है।
तिरंगे में लिपट ....।

- शशि

www.ingramcontent.com/pod-product-compliance
Lightning Source LLC
LaVergne TN
LVHW061626070526
838199LV00070B/6598
* 9 7 8 9 3 5 9 8 9 8 9 2 6 *